J. H. Martins

ASPERGIR VERSOS

1ª Edição

INDAIATUBA-SP

2024

Autor: J.H.Martins
Capa: José Henriques Martins
Diagramação: José Henriques Martins
Ilustração: Gerado com IA
Revisão: Lilian de Lourdes Oliveira Henriques

Dados Internacionais de Catalogação na Publicação (CIP)
(Câmara Brasileira do Livro, SP, Brasil)

Martins, José Henriques
Aspergir versos / José Henriques Martins. -- 1. ed. -- Indaiatuba, SP : Ed. do Autor, 2024.

ISBN 978-65-01-16919-4

1. Poesia brasileira I. Título.

24-229865 CDD-B869.1

Índices para catálogo sistemático:

1. Poesia : Literatura brasileira B869.1

Eliane de Freitas Leite - Bibliotecária - CRB 8/8415

[2024]

Sumário

AGRADECIMENTOS

A Deus, minha eterna gratidão, por mais essa graça em minha vida, por sempre me guiar e iluminar o caminho da escrita. São tantas as pessoas que me incentivam e me motivam a colocar no papel o que habita em minha alma.

Agradeço à minha esposa, Lee Oliveira, poetiza e influencer literária, por todo apoio, carinho e companheirismo.

Aos meus filhos, Myriam, Raphael e Hannah, que me enchem de orgulho e são minha fonte constante de energia e motivação. Vocês estão sempre no meu coração em cada palavra que escrevo.

Aos meus pais, Adelino, Lucília, pela criação cheia de valores e pelo apoio incondicional, desde sempre me ensinando a importância de seguir meus sonhos. Ao meu irmão Luiz Fernando por sempre me impulsionar a não parar.

Com imensa gratidão ao meu estimado amigo Sergio Diniz, cuja presença constante tem sido um farol em minha jornada como escritor. Seus sábios conselhos e orientações, sempre iluminando os melhores caminhos a trilhar, têm sido fundamentais para que eu siga avançando no universo literário.

Aos amigos e amigas que, com cada palavra de incentivo, me ajudaram a seguir em frente na realização deste livro, meu sincero obrigado.

Aspergir Versos é um convite a quem busca nas palavras o bálsamo das emoções sublimes. Neste livro, cada poema emerge como uma gota de luz, borrifada sobre a alma com a suavidade do amor, a fortaleza da esperança e a ternura da empatia. J.H.Martins tece, com sensibilidade, um manto de resiliência e aceitação, costurando com delicadeza a felicidade que permeia os desafios da vida. Através de versos delicados, que ecoam como uma chuva serena, o autor transforma sentimentos universais em poesia atemporal, inspirando leitores a encontrar beleza no cotidiano e na jornada interior.

LUSOFONIA

Nas ondas dos oceanos, um canto ecoa
Lusofonia, laços que o tempo entrelaça.
Em cada verso, a saudade voa,
Um abraço que abraça, de terra em terra passa.

No fado de Lisboa, a alma se derrama,
Em pedaços de azulejo, história se enlaça.
Do Brasil ao Cabo Verde, a língua se inflama,
Em versos e rimas, a cultura abraça.

Angola dança ao som dos tambores,
Moçambique tece suas histórias de amor,
São laços que unem, são múltiplos sabores,
A lusofonia é um abraço, é um canto de calor.

Timor-Leste, na Ásia distante,
Guardião do sol que nasce radiante,
Guiné-Bissau, tão exuberante,
Em cada palavra, a lusofonia é vibrante.

São Tomé e Príncipe, riqueza tropical a florescer,
Guiné-Equatorial, sob o sol a brilhar,
Entre palmeiras dançantes, o homem a tecer,
Na lusofonia, laços que o tempo faz durar.

Cada nação, uma pérola rara,
No oceano da língua, a diversidade se aclara,
Lusofonia, poesia que não se apara,
Em seis estrofes, uma canção que não se separa.

NAS MINAS GERAIS

Nas montanhas altaneiras, Minas Gerais desperta
Um estado de encantos, onde a história se oferta
Entre serras e vales, sua beleza se revela
Em cada recanto, uma poesia singela

Aqueles que te conhecem, Minas, jamais te esquecem
Tua essência perdura, qual raios solares que aquecem
No pulsar da cultura, nas cidades históricas a brilhar
A tradição se entrelaça com páginas épicas a contar

Ouro Preto reluz, como joia preciosa
Nas igrejas barrocas, a arte grandiosa
Diamantina, serena, de pedras a contar
Os tempos áureos que fizeram ecoar

Belo Horizonte, pulsante coração
Modernidade e tradição em comunhão
Nas praças e avenidas, a vida a transcorrer
A juventude a sonhar, o passado a florescer

Nos campos verdejantes, o café a prosperar
Sabores e aromas, em cada grão a exalar
Na dança das palmeiras, o vento a sussurrar
Histórias contadas, o tempo a resgatar

Minas, tesouro vasto, de riquezas sem par
Em cada cidade, em cada luar
Erguemo-nos em homenagem, com respeito e ardor
A ti, Minas Gerais, com eterno amor

A CONSTRUÇÃO DO AMOR

No jardim do coração, floresce um sentimento
Um amor que pulsa por desdobramento
Lume ardente que cintila de contorno indescritível
Fortalecendo a alma, tornando-a indestrutível

Olhos cintilantes se preenchem de paixão
Refletindo a luz que vem do coração
Vento carrega o sussurro de suas palavras
Uma doce melodia encantando as primaveras

Dedos entrelaçados, como raízes que fincam
Na terra fértil do afeto, o amor e o respeito se edificam
De mãos dadas, enfrentando qualquer temor
Caminham juntos, sob o luar sereno do amor

O amor é um poema vívido de sentimentos
Uma escrita ardente de júbilo e ressentimentos
Cada momento é textualizado em prosa e versos
Recitada e cantada com outros universos

AMIZADE DO AMOR

Entre risos e abraços, nossa amizade reluz
És a joia rara que o coração seduz
Com cumplicidade e carinho
Nas trilhas da vida, juntos, nós trilhamos

Teu nome é melodia, que embala meu viver
Na dança da amizade, juntos vamos florescer
Amiga querida, és a luz no meu caminho
Com tua presença radiante, tudo se faz mais digno

Nos momentos bons e ruins, tua mão está na minha
Amizade assim é uma benção que fascina
Nossa ligação é forte, como raízes na terra
Caminhamos juntos, enfrentando qualquer guerra

Nosso riso é como poesia, que o vento leva a voar
Amiga amada, contigo eu quero estar
Nas rimas da vida, és a estrofe mais bela
A amizade contigo é uma dádiva que revela

Que nossa jornada prossiga, repleta de felicidade
Minha amiga, és minha eterna afinidade
Que o tempo fortaleça o laço que nos une
Na trama da amizade, és o perfume

VOCÊ

Você,

Palavra de som tão doce

Em versos,

Te encaixas com charme e voz.

No amor, na poesia,

És a luz que aquece,

A expressão de sentimentos

Que nos toca a sós

COLO

Nos versos tecerei o amor sagrado,
Dos pais, guardiões do nosso caminhar,
Na vida, são luz, proteção, encanto,
A luz que nos guia a cada despertar.

No colo dos pais, o primeiro abraço,
O alicerce firme, a ternura sem par,
Sob seus olhos, o mundo se desvenda,
E aprendemos a amar, a sonhar.

Pais são sementes de amor e carinho,
Que brotam nos corações a florescer,
Com dedicação, paciência e esmero,
Construindo laços que jamais vão fenecer.

São mestres na arte de educar e inspirar,
Com gestos simples, deixam marcas a brilhar,
Na jornada da vida, seu apoio incondicional,
Nos momentos de alegria ou de pesar.

Pais, pilares da nossa existência,
Guardiões do lar, do amor, da esperança,
Em cada palavra, em cada gesto, em cada olhar,
Refletem a grandiosidade do seu ser em bonança.

Às mães e aos pais, minha gratidão eterna,
Por moldarem em nós o melhor que há,
No universo vasto de amor e de aprendizado,
Sua presença é luz que jamais se apagará.

PAI

Ao pai, herói discreto, meu chamado ecoa,
Em cada gesto, tua grandeza se revela,
Na jornada da vida, és guia e farol,
Navegando juntos os mares da escola.

Teus passos firmes, exemplo a seguir,
Nos traços do teu rosto, vejo o porvir,
Com teu riso franco e abraço seguro,
Despertas em mim coragem e fulgor.

Na tua palavra, sábia lição,
Na tua presença, força e proteção,
No silêncio, um entendimento profundo,
Que atravessa o tempo, como um vínculo fecundo.

Nos teus braços encontro abrigo e calor,
Nos teus conselhos, sabedoria e valor,
És o alicerce, o sustento, o amigo,
Em cada passo, em cada suspiro.

Pai, tua importância é indescritível,
Na teia da vida, és elo imprescindível,
Teu amor molda meu ser, minha essência,
Erguendo-me forte na jornada da existência.

Por ti, pai, em versos, canto minha gratidão,
Por tudo que és e pelo que me fazes ser,
Teu legado é eterno, teu amor, imensidão,
Na trilha da vida, és meu maior prazer.

Em teu olhar, encontro abrigo,
Nos teus braços, calor e paz,
És meu porto seguro, meu amigo,
Teu amor é o que me satisfaz.

Com sabedoria, guias meus passos,
E me ensinas o valor do perdão,
Nos teus conselhos, faço meus traços,
És a bússola do meu coração.

Nos momentos de dúvida e incerteza,
Tua voz é a luz que me conduz,
E na tua presença, sinto a certeza
De que em tua vida sou uma luz.

Hoje, celebro tua força e carinho,
Agradeço por tudo que me dás,
Pois sei que, contigo, nunca estou sozinho,
Meu querido pai, feliz Dia dos Pais!

QUARTA FASE

60 anos.
Olhando para trás,
Muita vida vivida.
Olhando pra frente,
Uma contagem
Regressiva se espelha,
Deve-se ser bem vivida,
Cada dia
Que lhe é presenteado,
O hoje.

Viver, aprender,
Se cuidar e buscar
O melhor para si mesmo,
Não há mais tempo a perder,
Com sentimentos
Desanimadores
Que travam a vida.

Não há mais tempo a perder,
Com quem não lhe quer bem.
Apenas quero viver o hoje,
Todos os dias que virão.

A AURA DO AMOR DIVINO

Na aura que emana do teu ser,
Reside a luz que cura e faz viver.
Teu amor é como um bálsamo suave,
Acalma dores, traz paz e faz resplandecer.

Tu és um instrumento divino que me seduz,
Guiado pelo amor e a luz que em ti habita.
Teu toque é como um raio de luz,
Que penetra almas, cura e ressuscita.

Com olhos que refletem o infinito,
E um coração que pulsa em harmonia,
Tu és o mensageiro do divino,
Espalhando cura e alegria.

Em cada gesto, em cada palavra,
Há a marca do amor que transcende.
Tu és a luz que guia o caminho,
Dos que buscam a cura e se rendem.

Que tua luz continue a brilhar,
Iluminando os corações em escuridão.
Que teu amor seja sempre a curar,
A todos os seres de Deus em aflição.

NO FUNDO DO MAR DA ALMA

No fundo do mar da alma,
Onde segredos se entrelaçam,
Entre corais e algas dançantes,
Há um universo de encantos distantes.

Nas profundezas onde a luz desvanece,
E as sombras abraçam a prece,
Encontro-me em silêncio profundo,
Onde a essência se revela neste mundo.

Quando mergulho no oceano,
Consigo ouvir a voz do desconhecido,
O murmúrio do tempo ecoando,
Em cada gota, um segredo escondido.

No balé das criaturas marinhas,
Sinto-me parte de uma sinfonia divina,
Cada movimento, uma dança de serenidade,
Na melodia da eterna verdade.

No fundo do mar da alma,
Nada é superficial, tudo se acalma,
E entre suspiros e sussurros, encontro paz,
Neste vasto oceano onde o ser se refaz.

Quando mergulho no oceano da alma,
consigo ouvir profundamente o silêncio da minha alma.
Em cada onda, um eco, uma calma,
Neste abismo onde a verdade se embala.

UM ATLÂNTICO SEPARA O CORAÇÃO

Nasceu sob o sol do Brasil, em solo lusitano,
Filho de portugueses, mas com alma de oceano.
Em cada gesto, a herança dos antigos lares,
A língua, os costumes, os sonhos a navegar.

No calor dos trópicos, traz consigo a saudade,
Dos campos verdejantes e da brisa da cidade.
É como um fado, ecoando em sua voz,
Um verso que se tece entre Brasil e Portugal.

Tem a calma do Tejo, a força do Pão de Açúcar,
No peito, a mistura de Lisboa e do Rio a desaguar.
Com os olhos que brilham, como estrelas no mar,
Navega entre duas terras, sem nunca se afastar.

É filho da miscigenação, da história entrelaçada,
Entre as margens do Atlântico, sua vida é traçada.
Com um coração dividido, mas também inteiro,
É o filho de portugueses, com alma de marinheiro.

Assim, ele caminha, entre dois mundos tão diversos,
Com a música dos fados e os sambas imersos.
Um filho de Portugal, nascido sob o céu do Brasil,
Com a alma que transcende fronteiras, sempre sutil.

PORTUGAL SEM IGUAL

Pelos campos dourados do Alentejo a brilhar,
Portugal se revela, um tesouro a desvendar.
Entre montanhas verdejantes e o mar azul profundo,
Suas belezas naturais são um verdadeiro mundo.

No norte, a Serra da Estrela, majestosa a se erguer,
Com seus picos nevados, um espetáculo a surpreender.
Cachoeiras dançam em cascata pela Serra do Gerês,
Enquanto rios serpenteiam em meio à densa floresta.

Na costa atlântica, as falésias se desenham,
O oceano bate forte, suas ondas ecoam e espumam.
As praias douradas do Algarve convidam ao descanso,
Sob um céu de azul intenso, num eterno balanço.

Os vinhedos do Douro se estendem em socalcos,
Testemunhas do tempo, guardiões de milhares de abraços.
E as planícies alentejanas, vastas e serenas,
Guardam segredos ancestrais, histórias pequenas.

Entre castelos e ruínas, Portugal se conta em pedra,
Sob o sol que tudo ilumina, numa terra tão medeia.
Assim é Portugal, um poema de natureza e história,
Onde a beleza se revela em cada página de sua glória.

TRÍADE COMPLETA

Na jornada da vida, a benção de ser pai,
Um amor que transborda, que jamais se esvai.
É ver o mundo ganhar sentido, em cada sorriso,
Na doce melodia de um novo paraíso.

Myriam, minha estrela, minha luz a brilhar,
Com seu olhar doce, encanta a caminhar.
É a princesa do lar, com seu jeito encantador,
Enche meu coração de amor e calor.

Raphael, meu guerreiro, com sua força a lutar,
Caminha com determinação, sem jamais vacilar.
Seu coração é nobre, sua alma resiliente,
Em cada desafio, mostra-se valente.

Hannah, minha menina, minha flor a desabrochar,
Com sua graça e pureza, faz o mundo se encantar.
É a doce ternura que alegra os meus dias,
Com sua inocência, enche-me de alegrias.

A tríade completa, meus filhos formados,
Com sabedoria e amor, por caminhos traçados.
É o maior presente e riqueza que se possa ter,
Ser pai de três joias, é um privilégio viver.

SONHOS DE SÃO PAULO

No coração da cidade, onde o concreto reina,
há um rio de sonhos que corre, silencioso e profundo
É o som dos desejos, das esperanças e das dores
Que se misturam no ar, como o cheiro de chuva e de flores

Em cada esquina, uma história se desenrola
De amor, de perda, de luta e de vitória
Os personagens se movem, como peças de um jogo
Cada um com seu destino, seu medo e sua coragem

No alto dos prédios, as luzes se acendem
Como estrelas no céu, elas brilham e se apagam
E na noite, a cidade se transforma
Em um palco de sonhos, onde tudo é possível

Mas quando o sol nasce, a realidade se impõe
E os sonhos se desmancham, como o orvalho na manhã
Mas ainda assim, a cidade continua a sonhar
E acreditamos que, um dia, os sonhos se realizarão.

AMOR CELESTIAL

Em campos celestiais, a luz divinal
Ornamenta o firmamento em esplendor,
Revela-se a mão do Pai celestial,
No eterno gesto de puro amor.

Sublime é o seu olhar sereno,
Que a tudo acolhe em graça e ternura,
Num gesto de afago tão ameno,
Transcende a toda humana loucura.

O amor de Deus, verbo inefável,
Que ao coração traz consolo e paz,
É farol no mar inavegável,
Que guia o errante com brandura e traz.

Como o sopro de brisa suave,
Seu carinho é doce e constante,
Nas horas de dor, é suave nave,
Que ampara o ser vacilante.

Em cada flor que desabrocha, se vê
O toque sagrado do Criador,
Em cada alma que renasce, é fé,
Reflexo da essência do seu amor.

Não há tormenta que possa apagar,
O fulgor do amor eterno e fecundo,
Pois Deus, com seu verbo, a amar,
Rege os destinos deste vasto mundo.

Olhai os céus em plena alvorada,
É Deus pintando de cores o dia,
Em cada raio, a promessa gravada,
De um amor que nunca esvazia.

Mesmo quando a noite é densa,
E as estrelas parecem fugidias,
O amor de Deus, em presença imensa,
Ilumina as trevas e guia.

No sacro verbo que consola e perdoa,
Há a essência do amor verdadeiro,
Que em cada coração ecoa,
Como cântico doce e derradeiro.

Assim é o amor do Pai celestial,
Maior que o mais vasto oceano,
Eterno, puro, sem igual,
Na senda divina, nosso arcano.

O AMOR VERDADEIRO

Em tempos idos, de outrora e glória,
Luzente aurora de um afeto imortal,
Surge o amor em sublime história,
Na verve de um sentir celestial.

Amor que a tudo vence e apraz,
Qual vento que em sussurro serena,
Nos vales da alma, doce paz,
E nos rincões do ser, alva benfazeja.

Em idílio divino, perfaz a jornada,
Entre montes e mares, fiel ardor,
Nos campos do existir, em luz dourada,
Cinge a fronte da vida com primor.

É chama perene, que nunca fenece,
No âmago profundo, eterno luar,
Em cada olhar que docemente aquece,
O eco suave de um puro amar.

Qual cantiga antiga, o amor ressoa,
Em lirismos e juras, milenares cantos,
Na trova serena, o tempo perdoa,
E em véus de ternura, se desdobra em mantos.

No seio amante, a dádiva fiel,
Que transcende o efêmero, a bruma fugaz,
Talha no espírito a marca leal,
Do vínculo eterno, sublime paz.

Amor que não se curva à ventania,
Nem à tormenta que a vida propaga,
Permanece firme em sua vigília,
Guardião do coração que o afaga.

Eis o amor verdadeiro, imperecível,
Em versos e prosas, trova singular,
Como o brilho de estrela inacessível,
Guia-nos sempre ao âmago do amar.

ESTRANHO AMOR

Nas sendas ocultas do coração,
Mora um sentimento alheio ao vulgar,
Entranho amor, em doce ilusão,
Sussurra segredos, ao vento, ao mar.

Qual névoa ao amanhecer se espalha,
Nos recantos da alma, enigma e fervor,
Esse amor que em sombras se agasalha,
É mistério que inspira dor e ardor.

Em olhos que brilham com luz desusada,
Há uma chama oculta, a arder em silêncio,
Um amor que transcende a madrugada,
Vive em suspiros, em sonhos suspenso.

Não há verbo que o possa descrever,
Nem gesto que o possa aprisionar,
É sentimento que faz o ser tremer,
E ao mesmo tempo o faz levitar.

No escuro de noites sem luar,
Entranho amor, em sigilo, floresce,
Como estrela que o céu vem tocar,
Na imensidão, seu lume resplandece.

É fogo que arde sem se mostrar,
É brisa suave em plena tormenta,
Que ao coração vem consolar,
E ao espírito em segredo alimenta.

Entranho amor, qual ave errante,
Que em voo silencioso, a alma toca,
É canção que emudece o instante,
É a melodia que ao destino invoca.

Assim é esse amor, de rara feição,
Que em enigmas se oculta, e em luz se revela,
É o sopro vital que inflama o coração,
É a essência de um ser que por amor se atrela.

DISTÂNCIA DE UM AMOR

Quantos segundos a mais aguentarei sem você ...

Na quietude das noites longas,
O silêncio ecoa em minhas lembranças,
Traçando caminhos que não percorremos,
A presença ausente e a dor presente.

Seu sorriso, uma lembrança distante...

Seu riso que não ouço mais,
Memórias dançam como sombras,
Em cada batida solitária do coração,
Um sussurro de tempos passados.

Deus, olhe por ela por mim...

Olho para o céu e busco respostas,
Estrelas sabem do nosso amor,
O tempo entre nós se estende,
Um abismo feito de saudades.

Sua imagem apaga em minha memória...

Ainda te vejo em meus sonhos,
A menina que segurou minha mão,
Crescendo em caminhos distantes,
Um amor que não se apaga.

Esperança morre a cada dia sem lhe ver...

A saudade é a corrente que me prende,
A esperança, o farol em mar revolto,
Na ausência das tuas palavras,
Procuro vestígios do teu olhar.

Abraços perdidos na solidão...

Em cada aniversário que passou,
Soprei velas por nós dois,
Desejos secretos em cada chama,
Para que um dia retornes ao lar.

Seu nome é lembrado, enquanto seu rosto se perde na memória...

O vento traz ecos do teu nome,

Sussurros em línguas que não entendo,

Mas sei que falam de nós,

E do amor que nunca morreu.

Reflexo da memória que se degenera...

Na solidão das minhas noites,

Vejo a tua imagem em espelhos quebrados, (nas sombras que me rodeia)

Reflexos de um amor incompleto,

Fragmentos de uma história interrompida.

Se perde no tempo a imagem, o amor perpetua na alma...

Gostaria de poder voltar no tempo,
Corrigir erros que não compreendo,
Mas resta apenas aceitar o passado,
E guardar o amor que sinto por ti.

Esperança se esvai na idade que evolui.

Espero pelo dia em que nos encontraremos,
Onde as lágrimas secarão e os sorrisos florescerão,
Até lá, guardo-te em meu coração,
Minha filha, meu eterno amor.

MEU PAI

Pai, tua presença é um alicerce,
uma força silenciosa que me sustenta
quando o mundo se torna incerto
e as tempestades rugem ao redor.

Teus olhos, cheios de histórias não contadas,
revelam a profundidade de um oceano,
onde navego em busca de sabedoria,
onde aprendo a arte de ser humano.

Tuas mãos, calejadas pelo tempo,
contam a saga do trabalho e do sacrifício,
onde cada linha é uma estrada percorrida,
cada cicatriz, uma lição de resiliência.

Nos teus silêncios, encontro consolo,
nas tuas palavras, o mapa do meu caminho.
És o guardião dos meus sonhos,
o farol que ilumina minha escuridão.

Pai, és o meu herói invisível,
cujo amor transcende palavras,
um amor que molda o meu ser
e me ensina a viver com coragem e gratidão.

BODAS DE BARRO

Oito anos unidos em esperança e amor
E desde então, enfrentamos alegrias e a dor
Mas nunca deixamos de nos apoiar
E sempre buscamos nos aperfeiçoar

Bodas de barro hoje celebramos
Simbolizando flexibilidade e a força que nos moldamos
Enfrentando às circunstâncias da vida
E juntos nos fortalecendo com a fé e a lida

Somos como o barro nas mãos do oleiro
Que nos transforma em vasos de valor
E nos enche de graça e esplendor
Para honrar o nosso Criador

PUDIM DA MÃE MINEIRA

Doce encanto que a vida adoça
É o pudim da mãe mineira
Com carinho e mãos de moça
Faz a delícia verdadeira.

No forno, ele se desenha
Com leite, ovos e açúcar na medida
Cada fatia, um pedacinho de lenha
Aquecendo o coração, trazendo vida.

A calda dourada, puro esplendor
Desliza suave, brilhante e serena
Doce sabor que se guarda com amor
No pudim da mãe mineira, nossa sina.

MULHERES GUERREIRAS

As mulheres são guerreiras
Que lutam por seus ideais
Elas são companheiras
E enfrentam os desafios reais

As mulheres são diversas
E têm suas próprias histórias
Elas são mestras e aprendizes
E constroem suas trajetórias

As mulheres são poesia
Que encantam com sua arte
Elas são fonte de alegria
E expressam sua parte

As mulheres são valiosas
E merecem reconhecimento
Elas são fortes e corajosas
E fazem a diferença no momento

A mulher é uma flor

Que desabrocha com amor

Ela tem beleza e valor

E merece todo o respeito e louvor

A mulher é uma luz

Que ilumina o caminho e conduz

Ela tem sabedoria e virtude

E inspira a todos com sua atitude

A mulher é uma força

Que enfrenta as dificuldades com garra

Ela tem coragem e esperança

E transforma o mundo com sua confiança

Os filhos são presentes
Que alegram o coração do pai
Eles são sementes
Que crescem com o amor que ele trai

O pai é um herói
Que protege e ensina os filhos
Ele é um rei
Que governa com carinho e brilho

Os filhos e o pai são amigos
Que compartilham a vida e os sonhos
Eles são testemunhas e abrigos
Que se apoiam nos momentos bons e tristonhos.

BIOGRAFIA DO AUTOR

Conheça mais o autor
J.H.Martins
Através de sua Bio

Acesse via QRCODE ou https://uiclap.bio/jhmartins

www.ingramcontent.com/pod-product-compliance
Lightning Source LLC
LaVergne TN
LVHW010121170826
845678LV00012B/2532

* 9 7 8 6 5 0 1 1 6 9 1 9 4 *